ARMIDE

TRAGEDIE,

REPRESENTE'E

PAR L'ACADEMIE ROYALE

DE MUSIQUE

ETABLIE A LYON.

Et joüée cy-devant en presence de Sa Majesté.

A LYON,
THOMAS AMAULRY,
Th. ciere, au Mercure Galant.

M. DC. XCVIII.

PRIVILEGE D

PERSONNAGES DU PROLOGUE.

LA GLOIRE.
TROUPE de Heros qui suivent la Gloire.
LA SAGESSE.
TROUPE de Nymphes qui suivent la Sagesse.

PROLOGUE.

LE THEATRE REPRESENTE un Palais.

LA GLOIRE, LA SAGESSE.

Suite de la Gloire & de la Sageſſe.

LA GLOIRE.

Tout doit ceder dans l'Univers
A l'Auguſte Heros que j'aime,
L'effort des Ennemis, les glaces des Hyvers,
Les Rochers, les Fleuves, les Mers,
Rien n'arreſte l'ardeur de ſa valeur extréme.

LA SAGESSE.

Tout doit ceder dans l'Univers
A l'Auguſte Heros que j'aime,
Il ſçait l'art de tenir tous les Monſtres aux fers,
Il eſt Maître abſolu de cent Peuples divers,
Et plus Maître encor de luy-meſme.

LA GLOIRE & LA SAGESSE.

Tout doit ceder dans l'Univers
A l'Auguſte Heros que j'aime.

LA SAGESSE & ſa ſuite,

Chantons la douceur de ſes loix.

PROLOGUE.

LA GLOIRE & *sa suite.*
Chantons ses glorieux exploits.
LA GLOIRE & LA SAGESSE
ensemble.
D'une égale tendresse,
Nous aimons le même Vainqueur.
LA SAGESSE.
Fiere Gloire, c'est vous....
C'est vous, douce Sagesse...
LA GLOIRE & LA SAGESSE.
C'est vous, qui partagez avec moi son grand cœur.
LA GLOIRE.
Je l'emportois sur vous tant qu'a duré la Guerre,
Mais dans la paix vous l'emportez sur moi.
Vous reglez en secret avec ce sage Roy,
Le destin de toute la Terre.
LA SAGESSE.
La Victoire a suivi ce Heros en tous lieux ;
Mais pour montrer son amour pour la Gloire,
Il se sert encore mieux
De la Paix que de la Victoire.
Au milieu du repos qu'il asseure aux Humains,
Il fait tomber sous ses puissantes mains
Un Monstre qu'on a crû si long-temps invincible,
On voit dans ses travaux combien il est sensible:
Pour vostre immortelle Beauté ;
Il prévient vos desirs, il passe vostre attente,
L'ardeur dont il vous aime incessamment s'augmente,
Et n'a jamais tant éclaté.
Qu'un vain desir de preference
N'altere point l'intelligence
Que ce Heros entre nous veut former:

PROLOGUE.

Disputons seulement à qui sçait mieux l'aimer.
La Gloire repete ce dernier vers avec la Sagesse.

LA GLOIRE & LA SAGESSE
ensemble.

Dés qu'on le voit paroistre,
De quel cœur n'est-il point le Maistre ?
Qu'il est doux de suivre ses pas !
Peut-on le connoistre
Et ne l'aimer pas ?

Les Chœurs repetent ces cinq derniers vers. Et la Suite de la gloire & celle de la Sagesse témoignent par des Danses la joye qu'elles ont de voir ces deux Divinitez dans une intelligence parfaite.

LA SAGESSE.

Aimons nôtre Heros, que rien ne nous sepate :
Il nous invite aux Jeux qu'on nous prepare :
Nous y verrons Renaud, malgré la Volupté,
Suivre un Conseil fidelle & sage ;
Nous le verrons sortir du Palais enchanté,
Où par l'Amour d'Armide il étoit arrêté,
Et voler où la gloire appelle son courage ,
Le grand Roy qui partage entre nous ses desirs,
Aime à nous voir mesme dans ses plaisirs.

LA GLOIRE.

Que l'éclat de son Nom s'étende au bout du Monde.
Réünissons nos voix ;
Que chacun nous réponde.

LA GLOIRE, LA SAGESSE,
& les Chœurs.

Chantons la douceur de ses Loix ,

PROLOGUE.
Chantons ses glorieux Exploits.

La suite de la Gloire & celle de la Sagesse continüent leur réjoüissance.

LES CHOEURS.

Que dans le Temple de Memoire
Son Nom soit pour jamais gravé,
C'est à luy qu'il est reservé,
D'unir la Sagesse & la Gloire.

Fin du Prologue.

PERSONNAGES DE LA TRAGEDIE.

ARMIDE, *Magicienne, Niepce d'Hidraot.*
PHENICE, *confidente d'Armide.*
SIDONIE, *autre confidente d'Armide.*
HIDRAOT, *Magicien, Roy de Damas.*
TROUPE, *de Peuples du Royaume de Damas.*
ARONTE, *Conducteur des Chevaliers qu' Armide a fait mettre aux fers.*
RENAUD, *le plus renommé des Chevaliers du Camp de Godefroy*
ARTEMIDORE, *un des Chevaliers captifs d' Armide & que Renaud a délivrez.*
Un demon transformé en Nayade.
TROUPE *de Demons transformez en Nymphes, en Bergers & en Bergeres.*
TROUPE *de Demons volans, &*

transformez en Zéphires.
LA HAINE,
Suite de la Haine. Les Furies. La Cruauté. La Vengeâce. La Rage, &c.
UBALDE, Chevalier qui va chercher Renaud,
Le Chevalier Danois, qui va avec Vbalde chercher Renaud.
Vn demon sous la figure de Lucinde fille Danoise, aimée du Chevalier Danois.
TROVPE de demons, transformez en Habitans Champêtres de l'isle où Armide retient Renaud enchanté.
Vn Demon sous la figure de Melise fille Italienne, aimée d'Vbalde.
LES PLAISIRS.
TROVPE de Demons qui paroissent sous la figure d'Amants fortunez, & d'Amantes heureuses qui accompagnent Renaud dans le Palais enchanté.
TROVPE de Demons volans, qui détruisent le Palais enchanté.

ARMIDE
TRAGEDIE.

ACTE I.

Le Theatre represente une grande Place ornée d'un Arc de Triomphe.

SCENE I.

ARMIDE, PHENICE, SIDONIE.

ARMIDE.

Dans un jour de Triomphe au milieu des plaisirs,
Qui peut vous inspirer une sombre Tristesse ?
La Gloire, la Grandeur, la beauté, la Jeunesse,
Tous les biens comblent vos desirs.

SIDONIE.

Vous allumez une fatale flâme
Que vous ne ressentez jamais ;
L'amour n'ose troubler la paix
Qui regne dans vôtre ame.

ARMIDE

PHENICE & SIDONIE ensemble.
Quel sort a plus d'appas ?
Et qui peut estre heureux si vous ne l'estes pas?

PHENICE.
Si la guerre aujourd'huy fait craindre ses ravages,
C'est aux bords du jourdain qu'ils doivent s'arêter,
   Nos tranquilles Rivages
   N'ont rien à redouter.

SIDONIE.
Les Enfers, s'il le faut, prendront pour nous les armes,
Et vous sçavez leur imposer la loy.

PHENICE.
Vos yeux n'ont eu besoin que de leurs propres charmes,
Pour affoiblir le Camp de Godefroy.

SIDONIE.
Ses plus vaillans Guerriers contre vous sans défense
Sont tombez en vôtre puissance.

ARMIDE.
Je ne triomphe pas du plus vaillant de tous.
Renaud, pour qui ma haine a tant de violence,
L'indomptable Renaud échape à mon couroux.
Tout le Camp Ennemi pour moi devient sensible.
   Et luy seul, toûjours invincible,
Fit gloire de me voir d'un œil indifferent,
Il est dans l'âge aimable où sans effort on aime.
Non je ne puis manquer sans un effort extréme,
La conqueste d'un Cœur si superbe & si grand.

SIDONIE.
Qu'importe qu'un captif manque à vostre victoire,

On n'en voit dans vos fers assez d'autres té‑
 moins ;
 Et pour un Esclave de moins
Un Triomphe si beau perdra peu de sa gloire.
PHENICE.
Pourquoi voulez-vous songer
 A ce qui peut vous déplaire
Il est plus seur de se vanger
 Par l'oubli que par la colere.
ARMIDE.
Les enfers ont predit cent fois,
Que contre ce Guerrier nos armes seroient vai‑
 nes,
Et qu'il vaincra nos plus grands Rois :
Ah! qu'il me seroit doux de l'accabler de chaînes,
 Et d'arrêter le cours de ses exploits !
 Que je hais ! que son mépris m'outrage :
Qu'il sera fier d'éviter l'esclavage
Où je tiens tant d'autres Heros !
Incessamment son importune image
 Malgré moi trouble mon repos.
Un songe affreux m'inspire une fureur nouvelle,
 Contre ce funeste Ennemy,
 J'ay crû le voir, j'en ay fremy,
J'ay crû qui me frappoit d'une atteinte mortelle.
Je suis tombée aux pieds de ce cruel Vainqueur :
 Rien ne fléchissoit sa rigueur ;
 Et par un charme inconcevable,
Je me sentois contrainte à le trouver aimable
Dans le fatal moment qu'il me perçoit le cœur.
Vous troublez-vous d'une image legere
 Que le sommeil produit ?
 Le beau jour qui vous luit,

Doit dissiper cette vaine chimere,
　Ainsi qu'il a détruit
　Les ombres de la nuit.

SCENE II.

HIDRAOT, Suite d'HIDRAOT, ARMIDE, PHENICE, SIDONIE.

HIDRAOT.

ARmide, que le sang qui m'unit avec vous
Me rend sensible aux soins que l'on prend pour vous plaire !
Que vostre triomphe m'est doux !
Que j'aime à voir briller le beau jour qui l'éclaire !
　　Je n'aurois plus de vœux à faire,
　　Si vous choisissiez un Epoux.
Je voy de prés la mort qui me menace
　Et bien-tost l'âge qui me glace
Va m'accabler sous son pesant fardeau :
　C'est le dernier bien ou j'aspire,
Que de voir vostre hymen promettre à cet Empire,
　　Des Rois formé d'un sang si beau ;
Sans me plaindre du sort, je cesseray de vivre,
　　Si ce doux espoir peut me suivre
Dans l'affreuse nuit du Tombeau.

ARMIDE.

La haine de l'Hymen m'étonne,
Je crains les plus aimables nœuds.
Ah qu'un Cœur devient malheureux
Quand la liberté l'abandonne !

HIDRAOT.

Pour vous, quand il vous plaît, tout l'Enfer
  est armé !
Vous estes plus sçavante en mon Art que moi-
  même :
Des grands Rois à vos pieds mettent leur Dia-
  dême ;
Qu'il vous voit un moment, est pour jamais
  charmé.
Pouvez-vous mieux goûter vôtre plaisir extre-
  me
  Qu'avec un Epoux qui vous aime,
  Et qui soit digne d'estre aimez.

ARMIDE.

Contre mes Ennemis à mon gré je déchaine
  Le noir Empire des enfers ;
  L'Amour met des Rois dans mes fers,
Je suis de mille Amans maîtresse souveraine :
  Mais je fais mon plus grand bonheur
  D'estre maîtresse de mon cœur.

HIDRAOT.

Bornez-vous vos desirs à la gloire cruelle
  Des maux que fait vôtre beauté ;
Ne ferez-vous jamais vôtre felicité ?
  Du bon-heur d'un Amant fidelle.

ARMIDE.

  Si je dois m'engager un jour,
  Au moins devez vous croire
  Qu'il faudra que ce soit la Gloire
  Qui livre mon cœur à l'Amour.
  Pour devenir mon maître
  Ce n'est point assez d'estre Roy.
Ce sera la Valeur qui me fera connoître
  Celui qui merite ma foi.

Le Vainqueur de Renaud, si quelqu'un le peut- [être.
sera digne de moy.

SCENE III.
Troupe de Peuples du Royaume de Damas.

HIDRAOT, ARMIDE, PHENICE, SIDONIE.

Les peuples du Royaume de Damas témoignent par des danses & par des Chants la joye qu'ils ont de l'avantage que la beauté de cette Princesse a remporté sur les Chevaliers du Camp de Godefroy.

HIDRAOT.
Armide est encor plus aimable
   Qu'elle n'est redoutable.
  Que son Triomphe est glorieux
Ses charmes les plus forts sont ceux de ses beaux yeux,
Elle n'a besoin d'emprunter l'Art terrible
Qui sçait quand il luy plaist faire armer les Enfers.
Sa beauté trouve tout possible.
Nos plus fiers Ennemis gemissent dans ses fers.

HIDRAOT & le Chœur.
  Armide est encor plus aimable
   Qu'elle n'est redoutable.
  Que son Triomphe est glorieux !
Ses charmes les plus forts sont ceux de ses beaux yeux.

PHENICE, & le Chœur.
Suivons Armide, & chantons sa victoire.

TRAGEDIE.

Tout l'Univers retentit de sa gloire.

PHENICE.

Nos Ennemis affoiblis, & troublez
N'étendront plus le progrez de leurs armes !
Ah ! quel bon-heur ! nos desirs sont comblez.
Sans nous couter ni de sang ni de larmes.

LE CHŒUR.

Suivons Armide, & chantons sa victoire,
Tout l'Univers retentit de sa gloire.

PHENICE.

L'ardent Amour qui la suit en tous lieux
S'attache aux Cœurs qu'elle veut qu'il enflame.
Il est content de regner dans ses yeux,
Et n'ose encor passer jusqu'à son ame.

Le Chœur.

Suivons Armide, & chantons sa Victoire,
Tout l'Univers retentit de sa gloire.

SIDONIE *& le Chœur.*

Que la douceur d'un Triomphe est extréme,
Quand on n'en doit tout l'honneur qu'à soi-
   même.

SIDONIE.

Nous n'avons point fait armer nos soldats,
Sans leur secours Armide est triomphante ;
Tout son pouvoir est dans ses doux appas,
Rien n'est si beau que sa beauté charmante.

Le Chœur.

Que la douceur d'un Triomphe est extréme,
Quand on n'en doit tout l'honneur qu'à soi-
   même !

SIDONIE.

La belle Armide a sçeu vaincre aisément
De fiers Guerriers plus craints que le Tonnerre,
Et ses regards ont en moins d'un moment
Donné des loix aux Vainqueurs de la terre.

ARMIDE,

Le Chœur.

Que la douceur d'un Triomphe est extrême,
Quand on n'en doit tout l'honneur qu'à soi-
  même !

*Le triomphe d'Armide est interrompu par l'arrivée
d'Aronte, qui avoit été chargé de la conduite
des Chevaliers Captifs, & qui revient blessé,
& tenant à la main un tronçon d'épée.*

SCENE IV.

ARONTE, HIDRAOT, ARMIDE, PHENICE, SIDONIE, *Troupes de Peuples de Damas.*

ARONTE.

O Ciel ! ô disgrace cruelle !
Je conduisois vos Captifs avec soin ;
J'ay tout tenté pour vous marquer mon zele,
Mon sang qui coule en est témoin.

ARMIDE.
Mais où sont mes Captifs ?

ARONTE.
Un Guerrier indomptable
Les a delivrez tous.

ARMIDE & HIDRAOT.
Un seul Guerrier ! que dites-vous !
Ciel !

ARONTE.
De nos Ennemis c'est le plus redoûtable.
Nos plus vaillans Soldats sont tombé sous ses
  coups :
Rien ne peut resister à sa valeur extrême.

ARMIDE.
O Ciel! c'est Renaud.
ARONTE.
C'est lui-mesme.
ARMIDE & HIDRAOT.
Poursuivons jusqu'aux trepas
L'ennemi qui nous offense.
Qu'il n'échape pas
A nostre vengeance.
Le Chœur.
Poursuivons jusqu'aux trepas
L'ennemi qui nous offense.
Qu'il n'échape pas
A nostre vengeance.
Fin du premier Acte.

ACTE II.

Le Theatre change, & represente une Campagne, ou une Riviere forme une Isle agreable.

SCENE I.
ARTEMIDORE, RENAUD.
ARTEMIDORE.

INVINCIBLE Heros, c'est par vôtre courage
Que j'échape aux rigueurs d'un funeste esclavage?
Aprés ce genereux secours,
Puis-je me dispenser de vous suivre toujours?

RENAUD.

Allez, allez remplir ma place.
Aux lieux d'où mon malheur me chasse,
Le fier Renaud m'a contraint à punir,
Sa temeraire audace :
D'une indigne prison Godefroy me menace
Et de son Camp m'oblige à me bannir,
Je m'en éloigne avec contrainte,
Heureux ! si j'avois pû consacrer mes exploits
A délivrer la Cité sainte
Qui gemit sous des dures loix,
Suivez les Guerriers qu'un beau zele
Presse de signaler leur valeur & leur foy :
Cherchez une gloire immortelle,
Je veux dans mon exil n'enveloper que moi.

ARTEMIDORE.

Sans vous que peut on entreprendre;
Celuy qui vous bannit ne pourra s'en déffendre
De souhaiter vôtre retour.
S'il faut que je vous quite ; au moins ne puis-je apprendre
En quels lieux vous allez choisir vôtre sejours ;

RENAUD.

Le repos me fait violence,
La seule Gloire a pour moi des appas :
Je pretend adresser mes pas
Où la Justice & l'innocence
Auront besoin du secours de mes bras.

ARTEMIDORE.

Fuyez les lieux où regne Armyde,
Si vous cherchez à vivre heureux ;
Pour le Cœur le plus intrepide
Elle a des charmes dangereux,
C'est une ennemie implacable,

TRAGEDIE.

Evitez ses ressentimens ;
Puisse le Ciel à mes vœux favorable
Vous garentir de ses enchantemens.
   Par une heureuse indifference
   Mon cœur s'est dérobé sans peine à sa puis-
   sance,
Je la vis seulement d'un regard curieux.
Est-il plus mal aisé d'éviter sa vengeance,
   Que d'échaper au pouvoir de ses yeux ?
J'aime la liberté, rien ne m'a pû contraindre
   A m'engager jusqu'à ce jour.
Quand on peut méprifer le charme de l'Amour,
   Quels enchantemens peut-on craindre ?

SCENE III.

HIDRAOT, ARMIDE.

HIDRAOT.

Arrestons-nous ici, c'est dans ce lieu fatal
Que la fureur qui nous anime
Ordonne à l'Empire infernal
De conduire nostre victime.

ARMIDE.

Que l'Enfer aujourd'huy tarde à suivre nos loix!

HIDRAOT.

Pour achever le charme il faut unir nos voix.

HIDRAOT & ARMIDE.

Esprit de haine & de rage,
Demons, obeïssez-nous.
Livrez à nostre courroux
L'Ennemy qui nous outrage.
Esprit de haine & de rage,
Demons obeïssez-nous

ARMIDE.
Demons affreux, cachez-vous
Sous une agreable image,
Enchantez ce fier courage
Par les charmes les plus doux.

HIDRAOT & ARMIDE.
Esprit de haine & de rage,
Demons, obeïssez-nous.

Armide aperçoit Renaud qui s'aproche des bords de la Riviere.

ARMIDE.
Dans le piege fatal nostre Ennemi s'engage.

HIDRAOT.
Nos Soldats sont cachez dans le prochain Boccage,
Il faut que sur Renaud ils viennent fondre tous.

ARMIDE.
Cette victime est mon partage ;
Laissez-moy l'immoler, laissez-moy l'avantage
De voir ce cœur superbe expirer de mes coups.

Hidraot & Armide se retirent.

Renaud s'arrête pour considerer les bords du Fleuve, & quitte une de ses armes pour prendre le frais.

SCENE III.
RENAUD *seul.*

Plus j'observe ces lieux, & plus je les admire,
Ce Fleuve coule lentement
Et s'éloigne à regret d'un sejour si charmant.
Les plus aimables Fleurs, & le plus doux Zephirs
Parfument l'air qu'on y respire.

TRAGEDIE.

Non, je ne puis quitter des Rivages si beaux,
Un son armonieux se mêle au bruit des eaux;
Les Oiseaux enchantez se taisent pour l'entendre.
Des charmes du sommeil j'ay peine à me défendre.
  Ce Gazon, cet ombrage frais,
Tout m'invite au repos sous ce feüillage épais.

Renaud s'endort sur un Gazon, au bord de la Riviere.

SCENE IV.

RENAUD *endormy. Une Nayade qui sort du Fleuve. Troupe de Nymphes. Troupe de Bergers. Troupe de Bergeres.*

Une Nayade.

AU temps heureux où l'on sçait plaire
Qu'il est doux d'aimer tendrement,
Pourquoy dans les perils avec empressement
Chercher d'un vain honneur l'éclat imaginaire?
 Pour une trompeuse chimere
Faut-il quitter un bien charmant?
Au temps heureux où l'on sçait plaire
Qu'il est doux d'aimer tendrement!

Le Chœur.

Ha! qu'elle erreur! qu'elle folie!
De ne pas joüir de la vie!
 C'est aux Jeux, c'est aux Amours,
 Qu'ils faut donner les beaux jours.

Les Demons sous la figure des Nymphes, des Bergers & des Bergeres, enchantent Renaud.

& *l'enchaînant durant son sommeil avec des Guirlandes de fleurs.*

Une Bergere.

On s'étonneroit moins que la saison nouvelle
Revint sans amener les fleurs & les zephirs,
Que de voir de nos ans la Saison la plus belle
Sans l'Amour & sans les plaisirs.
Laissons au tendre Amour la jeunesse en partage;
La Sagesse a son tems, il ne vi nt que trop tost :
Ce n'est pas estre sage,
D'estre plus sage qu'il ne faut.

Les Chœurs.

Ah ! quelle erreur ! qu'elle folie !
De ne pas joüir de la vie !
C'est aux Jeux, c'est aux Amours
Qu'il faut donner les beaux jours.

SCENE V.
ARMIDE, RENAUD *endormy.*

ARMIDE *tenant un dard à la main.*

ENfin, il est en ma puissance,
Ce fatal ennemi, ce superbe Vainqueur,
Le charme du sommeil le livre à ma vengeance.
Je vais percer son invincible Cœur.
Par lui, tous mes Captifs sont sortis d'esclavage,
Qu'il éprouve toute ma rage . . . .
Armide va pour fraper Renaud, & ne peut executer le dessein qu'elle a de lui ôter la vie.
Quel trouble me saisi ? qui me fait hesiter ?
Qu'est-ce qu'en sa faveur la pitié me veut dire ?
Frapons . . . Ciel ! qui peut m'arréter ;
Achevons . . . je fremis ! Vangeons-nous . . . je
soûpire ;

Est ce ainsi que je doy me venger auiourd'huy?
Ma colere s'éteint quand j'aproche de lui.
Plus je le vois plus ma colere est vaine,
Mon bras tremblant se refuse à ma haine,
Ah ! quelle cruauté de luy ravir le jour !
A ce jeune Heros tout cede sur la Terre.
Qui croiroit qu'il fut né seulement pour la Guerre?
Il semble estre fait pour l'Amour.
Ne puis-je me venger à moins qu'il ne perisse ;
Hé ne suffit-il pas que l'Amour le punisse !
Puisqu'il n'a pû trouver mes yeux assez charmans,
Qu'il m'aime au moins par mes enchantemens,
Que s'il se peut, je le haïsse.
Venez, secondez mes desirs,
Demons, transformez vous en d'aimables Zephirs.
Je cede à ce Vainqueur, la pitié me surmonte;
Cachez ma foiblesse & ma honte
Dans les plus reculez Desers.
Volez, conduisez-nous au bout de l'Univers.

Les Demons transformez en Zephirs, enlevent Renaud & Armide.

Fin du second Acte.

ACTE III.
Le Theatre change & represente un Desert.

SCENE I.
ARMIDE seule.

AH! si la liberté me doit estre ravie
   Est-ce à toy d'estre mon Vainqueur!
Trop funeste Ennemi du bon-heur de ma vie,
Faut-il que malgré moy tu regnes dans mon cœur?
Le desir de ta mort fut ma plus chere envie,
Comment as-tu changé ma colere en langueur?
En vain, de mille Amans je me voyois suivie,
   Aucun n'a fléchy ma rigueur,
Se peut-il que Renaud tienne Armide asservie?
Ah! si la liberté me doit estre ravie,
Est-ce à toy d'estre mon Vainqueur?
Trop funeste Ennemy du bon-heur de ma vie
Faut-il que malgré moy tu regnes dans mon cœur?

SCENE II.
ARMIDE, PHENICE s SIDONIE.

PHENICE.

QUe ne peut point vostre Art? la force en est extrême.
   Quel prodige! quel changement!
   Renaud qui fut si fier, vous aime;
   On n'a jamais aimé si tendrement.

SIDONIE.

TRAGEDIE.

SIDONIE.

Montrez vous à ses yeux, soyez témoin vous-même.
Du merveilleux effet de vostre enchantement.

ARMIDE.

L'Enfer n'a pas encore rempli mon esperance.
Il faut qu'un nouveau charme asseure ma vengeance.

SIDONIE.

Sur des bords separez du sejour des humains,
Qui peut arracher de vos mains
Un ennemi qui vous adore ?
Vous enchantez Renaud, que craignez vous encore ?

ARMIDE.

Helas ! c'est mon cœur que je crains
Vostre amitié dans mon sort s'interesse :
Je vous ai fait conduire avec moi dans ces lieux,
Au reste des Mortels je cache ma foiblesse,
Je n'en veux rougir qu'à vos yeux.
De mes plus doux regards Renaud sçeut se défendre,
Je ne pûs engager ce cœur fier à se rendre,
Il m'échapa malgré mes soins.
Sous le nom du Dépit l'Amour vint me surprendre
Lorsque je m'en gardois le moins :
Plus Renaud m'aimera, moins je seray tranquille ;
J'ay resolu de le haïr :
Je n'ai tenté jamais rien de si difficile :
Je crains que pour forcer son cœur à m'obeïr,
Tout mon Art ne soit inutile.

PHENICE.

Que vôtre Art seroit beau ! qu'il seroit admiré !
S'il sçavoit garentir des troubles de la vie !

B

De difposer de fon cœur à fon gré.
C'eſt un ſecret digne d'envie,
Mais de tous les ſecrets c'eſt le plus ignoré.

SIDONIE.

La Haine eſt affreuſe & barbare,
L'Amour contraint les Cœurs dont il s'empare
A ſouffrir des maux rigoureux :
Si vôtre ſort eſt en vôtre puiſſance,
Faites choix de l'indifference,
Elle aſſure un repos heureux.

ARMIDE.

Non, non, il ne m'eſt plus poſſible
De paſſer de mon trouble en un état paiſible,
Mon cœur ne ſe peut plus calmer
Renaud m'offenſe trop, il n'eſt que trop aimable,

MELISSE.

C'eſt pour moy deformais un choix indiſpenſable.
De le haïr ou de l'aimer.

PHENICE.

Vous n'avez pû haïr ce Heros invincible
Lors qu'il eſtoit le plus terrible
De tous vos Ennemis.

MELISSE.

Il vous aime, l'Amour l'enchaine,
Garderiez-vous mieux vôtre haine
Contre un Amant ſi tendre & ſi ſoûmis ?

ARMIDE.

Il m'aime, quel amour ! ma honte s'en augmente,
Dois-je eſtre aimée ainſi ? puis-je en eſtre contente ?
C'eſt un vain triomphe, un faux bien.
Helas ! que ſon amour eſt different du mien !
J'ay recours aux Enfers pour allumer ſa flame

C'est l'effort de mon Art qui peut tout sur son
ame,
    Ma foible Beauté n'y peut rien.
Par son propre Merite il suspend ma ven-
geance,
Sans secours, sans effort, même sans qu'il y
pense,
Il enchaine mon cœur d'un trop charmant lien.
Helas! que mon amour est different du sien;
    Qu'elle vengeance ay-je à pretendre
    Si je le veux aimer toûjours?
    Quoy, ceder sans rien entreprendre?
Non, il faut appeller la Haine à mon secours.
    L'horreur de ces lieux solitaires
    Par mon Art va se redoubler.
Détournez vos regards de mes affreux miste-
res.
Et sur tout empêchez Renaud de me troubler.

SCENE III.
ARMIDE seule.

Venez, venez, Haine implacable,
    Sortez du Goufre épouvantable
Où vous faites regner une éternelle horreur.
Sauvez-moi de l'Amour, rien n'est si redoutable,
    Contre un Ennemi trop aimable:
Rendez-moi mon couroux, rallumez ma fureur.
    Venez, venez, Haine implacable,
    Sortez du Goufre épouvantable
Où vous faites regner une éternelle horreur.

La Haine sort des Enfers, accompagnée des Furies, de la Cruauté, Vengeance, de la Rage, & des Passions qui dépendent de la Haine.

SCENE IV.
ARMIDE, la HAYNE
Suite de la HAINE.

La HAYNE.

JE répons à tes vœux, ta voix s'est fait entendre
  Jusques dans le fond des Enfers.
Pour toy, contre l'Amour, je vai tout entreprendre,
  Et quand on veut bien s'en défendre
On peut se garentir de ses indignes fers.

La HAINE *& sa Suite.*

Plus on connoit l'Amour, & plus on le deteste ;
  Détruisons son pouvoir funeste,
Rompons ses nœuds, déchirons son Bandeau,
Brûlons ses Traits, éteignons son Flambeau.

Le Chœur repete ces quatre derniers Vers.

Plus on connoit l'Amour, & plus on le deteste,
  Détruisons son pouvoir funeste,
Rompons les Nœuds, déchirons son Bandeau,
Brûlons ses Traits, éteignons son Flambeau.

La Suite de la Haine s'empresse à briser & à brûler les armes dont l'amour se sert.

La Haine & sa Suite.

Amours, sort pour jamais, sort d'un Cœur
 qui te chasse,
  Que la Haine regne en ta place,
  Tu fais trop souffrir sous ta loi ;
Non, tout l'Enfer n'a rien de si cruel que toi.

La Suite de la Haine témoigne qu'elle se prepare avec plaisir à triompher de l'Amour.

La Haine approchant d'Armide.

Sors, sors du sein d'Armide, Amour brise ta chaîne.

ARMIDE.

Arreste, arreste, affreuse Haine,
Laisse-moy sous les loix d'un si charmant Vainqueur.
Laisse-moi, je renonce à ton secours horrible,
Non, non, n'acheve pas ; non il n'est pas possible
De m'oster mon amour sans m'arracher le cœur.

La Haine.

N'implores-tu mon assistance
Que pour mépriser ma puissance ?
Suis l'amour, puisque tu le veux,
Infortunée Armide,
Suis l'Amour qui te guide
Dans un abisme affreux.
Sur ces bords écartez c'est en vain que tu caches
Le Heros dont ton cœur s'est trop laissé toucher
La Gloire à qui tu l'arraches,
Doit bien-tost te l'arracher,
Malgré tes soins, au mépris de tes larmes
Tu le verras échaper à tes charmes.
Tu me rappelleras, peut-estre, dés ce jour :
Et ton attente sera vaine :
Je vais te quiter sans retour,
Je ne puis te punir d'une plus rude peine,
Que de t'abandonner pour jamais à l'Amour.

La Haine & sa Suite s'abisme.

Fin du troisiéme Acte.

ACTE IV.

SCENE I.
UBALDE, & le Chevalier Danois.

Vbalde porte un bouclier de Diamans, & tient, un Sceptre d'or, qui luy ont été donné par un Magicien, pour dissiper les enchantemens d'Armide, & pour délivrer Renaud.

Le Chevalier Danois porte une Epée qu'il doit presenter à Renaud.

Vne vapeur s'éleve & se répand dans le Desert qui a paru au troisiéme Acte.

Des antres & des abismes s'ouvrent, & il en sort des bestes farouches & des Monstres épouventables.

UBALDE, & le Chevalier Danois ensemble.
Nous ne trouvons par tout que des Gou-
    fres ouverts ;
Armide a dans ces lieux transporté les
    Enfers.
Ah ! que d'Objets horribles !
Que de Monstres terribles !

Le Chevalier Danois attaque les Monstres, Vbalde le retient, & lui montre le Sceptre d'or qu'il porte, & qui leur a été donné pour dissiper les Enchantemens.

UBALDE.
Celui qui nous envoye a prévû ce danger,
Et nous a montré l'Art de nous en dégager.
Ne craignons point Armide ny ses charmes ;

Par ce secours plus puissant que nos armes
Nous en serons aisément garentis.
Laissez-nous un libre passage,
Monstres, allez cacher vostre inutile rage
Dans l'Abîme profond d'où vous estes sortis.

Les Monstres s'abisment, la vapeur se dissipe, le Desert disparoit, & se change en une Campagne agreable, bordée d'arbres chargez de fruits & arrosée de Ruisseaux.

Le Chevalier Danois.

Allons chercher Renaud, le Ciel nous favorise
Dans nostre penible Entreprise.
Ce qui peut flater nos desirs,
Doit à son tour tenter de nous surprendre :
C'est desormais du charme des plaisirs
Que nous aurons à nous défendre,

UBALDE & le Chevalier Danois, ensemble.

Redoublons nos soins, gardons-nous
Des perils agreables,
Les enchantemens les plus doux
Sont les plus redoutables.

UBALDE.

On voit d'ici le sejour enchanté
D'Armide & du Heros qu'elle aime.
Dans ce Palais Renaud est arresté
Par un charme fatal dont la force est extrême
C'est là, que ce Vainqueur si fier, si redouté.
Oubliant tout jusqu'à luy même,
Est reduit à languir avec indignité
Dans une molle oisiveté.

Le Chevalier Danois.

En vain, tout l'Enfer s'interesse
Dans l'Amour qui seduit un cœur si Glorieux

Si sur ce Bouclier Renaud tourne les yeux,
Il rougira de sa foiblesse,
Et nous l'engagerons à partir de ces lieux.

SCENE II.

Un Demon sous la figure de Lucinde, fille Danoise, aimée du Chevalier Danois. Troupe de Demons transformez en habitans Champestres de l'Isle qu'Armide a choisie pour y retenir Renaud enchanté.

UBALDE, *Le Chevalier Danois.*
LUCINDE.

Voici la charmante Retraite
De la felicité parfaite ;
Voici l'heureux sejour
Des jeux & de l'amour.

Le Chœur.

Voici la charmante Retraite
De la felicité parfaite ;
Voici l'heureux sejour
Des Jeux & de l'Amour.

Les Habitans Champestres dansent.

UBALDE *parlant au Chevalier Danois.*

Allons, qui vous retient encore ?
Allons, c'est trop nous arrester.

Le Chevalier Danois.

Je voi la Beauté que j'adore,
C'est elle, je n'en puis douter.

LUCINDE *& le Chœur.*

Jamais dans ses beaux lieux nostre attente n'est
vaine ;

Le bien que nous cherchons se vient offrir à nous ;
Et pour l'avoir trouvé sans peine,
Nous ne l'en trouvons pas moins doux.

Le Chœur.

Voici la charmante Retraite
De la felicité parfaite,
Voici l'heureux sejour
Des Jeux & de l'Amour.

LUCINDE *parlant au Chevalier Danois.*

Enfin je voi l'Amant pour qui mon cœur soûpire :
Je retrouve le bien que j'ay tant souhaité.

Le Chevalier Danois.

Puis-je voir ici la Beauté
Qui m'a soûmis à son empire ?

UBALDE.

Non, ce n'est qu'un charme trompeur
Dont il faut garder vostre cœur.

Le Chevalier Danois.

Si loin des Bords glacez, où vous prites naissance,
Qui peut vous offrir à mes yeux !

LUCINDE.

Par une magique puissance,
Armide m'a conduite en ces aimables lieux ;
Et je vivois dans la douce esperance
D'y voir bien tost ce que j'aime le mieux.
Goûtons les doux plaisirs que pour nos cœurs fidelles
Dans cét heureux sejour l'Amour a preparez.
Le devoir par des loix cruelles
Ne nous a que trop separez.

ARMIDE

UBALDE.
Fuyez, faites-vous violence.
Le Chevalier Danois.
L'Amour ne me le permet pas,
Contre de si charmans appas
Mon cœur est sans défense.
UBALDE.
Est-ce là cette fermeté
Dont vous estes tant vanté ?
Le Chevalier Danois & Lucine ensemble.
Joüissons d'un bonheur extrême.
Hé quel autre bien peut valoir
Le plaisir de voir ce qu'on aime ;
Hé ! quel autre bien peut valoir
Le plaisir de vous voir.
UBALDE.
Malgré la puissance infernale,
Malgré vous même, il faut vous détromper
Ce sceptre d'or peut dissiper
Une erreur si fatale.

Vbalde touche Lucinde avec le Sceptre d'or qu'il tient, & Lucinde disparoit aussi tost.

SCENE III.
LE CHEVALIER DANOIS, UBALDE.

Le Chevalier Danois.

JE tourne en vain mes yeux de toutes parts,
Je ne voy plus cette beauté si chere :
Elle échape à mes regards
Comme une vapeur legere.
UBALDE.
Ce que l'Amour a de charmant,

TRAGEDIE.

N'est qu'une illusion qui ne laisse aprés elle
    Qu'une honte éternelle.
Ce que l'Amour a de charmant,
    N'est qu'un funeste enchantement.

Le Chevalier Danois.

Je vois le danger où s'expose
Un Cœur qui ne fuit dans un charme si puissant
Que vous estes heureux si vous estes exempt
    Des foiblesses que l'Amour cause.

UBALDE.

Non; je n'ay point gardé mon cœur jusqu'à ce
    jour
Pres de l'Objet que j'aime il m'étoit doux de
    vivre ;
Mais quand la Gloire ordonne de la suivre
    Il faut laisser gémir l'Amour.
Des charmes les plus forts la raison me dé-
    gage,
Rien ne nous doit ici retenir davantage ;
Profitons des conseils que l'on nous a donnez.

SCENE IV.

Un démon sous la figure de Melisse fille Italienne aimée d'Ubalde, le Chevalier Danois Ubalde.

MELISSE.

D'Où vient que vous vous détournez
    De ces eaux & de cet ombrage ?
Goutez un doux repos, Estrangers fortunez ;
Delassez-vous ici d'un penible voyage,
Un favorable sort vous appelle au partage
    Des biens qui nous sont destinez.

B 5

ARMIDE

UBALDE.
Eſt-ce vous, charmante Meliſſe ?

MELISSE.
Eſt-ce vous, cher Amant ! Eſt-ce vous que je voi ;

UBALDE, & MELISSE enſemble.
Au rapport de mes ſens je n'oſe ajoûter foi.
Se peut-il qu'en ces lieux l'Amour nous reüniſſe

MELISSE.
Eſt-ce vous, cher Amant ; eſt-ce vous que je voi ;

UBALDE.
Eſt-ce vous, charmante Meliſſe ?

Le Chevalier Danois.
Non, ce n'eſt qu'un charme trompeur
Dont il faut garder votre cœur.
Fuyez, faites vous violence.

MELISSE.
Pourquoy, faut-il encore marcher, mon Amant ;
Faut-il ne vous voir qu'un moment
Apres une ſi longue abſence ;
Je ne puis conſentir à voſtre éloignement ;
Je n'ai que trop ſouffert un ſi cruel tourment,
Et je mourrai s'il recommence.

UBALDE & MELISSE enſemble.
Faut-il ne nous voir qu'un moment
Aprés une ſi longue abſence ?

Le Chevalier Danois.
Eſt-ce là cette fermeté
Dont vous vous eſtes tant vanté ;
Sortez de vôtre erreur, la Raiſon vous appelle.
Ah ! que la Raiſon eſt cruelle
Si je ſuis abuſé pourquoy m'en avertit ?
Que mon erreur me paroiſt belle ?

Que je serois heureux de n'en jamais sortir?
Le Chevalier Danois.
J'aurai soin, malgré vous, de vous garantir.

Le Chevalier Danois oste le Sceptre d'or des mains d'Ybalde, il en touche Melisse, & la fait disparoistre.

UBALDE.
Que devient l'Objet qui m'enflame
Melisse disparoit soudain.
Ciel faut-il qu'un fantôme vain.
Cause tant de trouble à mon ame?
Le Chevalier Danois.
Ce que l'Amour a de charmant
N'est qu'une illusion qui ne laisse aprés elle
Qu'une honte eternelle.
Ce que l'Amour a de charmant
N'est qu'un funeste enchantement.
UBALDE *& le Chevalier Danois.*
Ce que l'Amour a de charmant
N'est qu'un funeste enchantement.
UBALDE.
D'une nouvelle erreur, songeons à nous defendre.
Evitons des trompeurs attraits;
Ne nous détournons plus du chemin qu'il faut prendre
Pour arriver à ce Palais.
UBALDE *& le Chevalier Danois.*
Fuyons les douceurs dangereuses
Des illusions amoureuses:
On s'égare quand on les suit;
Heureux qui n'en est pas seduit.
Fin du quatrième Acte.

ACTE V.

Le Theatre change, & representé le Palais enchanté d'Armide.

SCENE I.
RENAUD, ARMIDE
RENAUD *sans armes, & paré de Guirlandes de fleurs.*

ARMIDE, vous m'allez quitter !
ARMIDE.
J'ay besoin des Enfers, je vai les consulter ;
Mon art veut dela solitude :
L'amour que j'ai pour vous cause l'inquietude
Dont mon cœur se sent agiter.
RENAUD.
Armide vous m'allez quitter ?
ARMIDE.
Voyez en quel lieux je vous laisse.
RENAUD.
Puis-je rien voir que vos appas !
ARMIDE.
Les plaisirs vous suivrons sans cesse.
RENAUD.
En est il où vous n'estes pas ?
ARMIDE.
Un noir pressentiment me trouble & me tourmente,
Il m'anonce un malheur que je veux prevenir ;

TRAGEDIE.

Et plus noſtre bonheur m'enchante,
Plus je crains de le voir finir.

RENAUD.

D'une vaine terreur pouvez-vous être atteinte,
Vous qui faites trembler le tenebreux Sejour?

ARMIDE.

Vous m'aprenez à connoiſtre l'Amour,
L'Amour m'aprend à connoiſtre la crainte,
Vous brûliez pour la Gloire avant que de m'aimer,
Vous la cherchiez par tout d'une ardeur ſans égale.
La Gloire eſt une Rivale
Que doit toûjours m'alarmer.

RENAUD.

Que j'étois inſenſé de croire
Qu'un vain Laurier donné par la Victoire,
De tous les biens fût le plus précieux?
Tout l'éclat dont brille la Gloire,
Vaut il un regard de vos yeux?
Eſt-il un bien ſi charmant & ſi rare
Que celuy dont l'Amour veut combler mon eſpoir?

ARMIDE.

La ſevere Raiſon & le devoir barbare,
Sur les Heros n'ont que trop de pouvoir.

RENAUD.

J'en ſuis plus amoureux plus la raiſon m'éclaire.
Vous aimer, belle Armide, eſt mon premier devoir;
Je fais ma gloire de vous plaire
Et tout mon bonheur de vous voir.

ARMIDE

ARMIDE.
Que sous d'aimables loix mon ame est asservie !

RENAUD.
Qu'il est doux de vous voir partager ma langueur !

ARMIDE.
Qu'il m'est doux d'enchaîner un si fameux Vainqueur !

RENAUD.
Que mes fers sont dignes d'envie !

RENAUD & ARMIDE *ensemble.*
Aimons-nous, tout nous y convie.
Ah! si vous aviez la rigueur
De m'ôter vôtre cœur,
Vous m'ôteriez la vie.

RENAUD.
Non, je perdrai plûtost le jour,
Que d'éteindre ma flâme.

ARMIDE.
Non, rien ne peut changer mon ame.

RENAUD.
Non, je perdray plûtost le jour.

Renaud & Armide chantent ensemble
les Derniers vers qu'ils ont
chantez séparement.

Non je perdray plutost le jour,
Que d'éteindre ma flâme ;
Non rien ne peut changer mon ame,
Non, je perdray plutost le jour,
Que de me dégager d'un si charmant Amour.

ARMIDE.
Témoins de nostre amour extreme,
ous, qui suiviez mes loix dans ce sejour
heureux.

TRAGEDIE.

Jusques à mon retour par d'agreables Jeux,
Occupez le Heros que j'aime.

Les plaisirs, & une Troupe d'Amants fortunez, & d'Amantes heureuses, viennent divertir Renaud par des Chants & par des Danses.

SCENE II.

RENAUD. *Les Plaisirs. Troupe d'Amans fortunez, & d'Amantes heureuses.*

Un Amant fortuné & les Chœurs.

LEs plaisirs ont choisi pour azile
Ce Sejour agreable & tranquille :
Que ces lieux sont charmants,
Pour les heureux Amans !
C'est l'Amour qui retient dans ses chaines
Mille Oiseaux qu'en nos bois nuit & jour on entend.
Si l'Amour ne causoit que des peines,
Les Oiseaux amoureux ne chanteroient pas tant.
Jeunez Cœurs, tout vous est favorable,
Profitez d'un bonheur peu durable.
Dans l'hyver de nos ans, l'Amour ne regne plus ;
Les beaux jours que l'on perd sont pour jamais perdu.
Les plaisirs ont choisi pour Azile
Ce Sejour agreable & tranquille.
Que ces lieux sont charmants ;

Pour les heureux Amants!

RENAUD.

Allez, éloignés-vous de moi,
Doux plaisirs, attendez qu'Armide vous ra-
meine.
Sans la beauté qui me tient sous sa loi,
Rien ne me plait, tout augmente ma peine,
Allez, éloignez-vous de moi,
Doux plaisirs, attendez qu'Armide vous ra-
meine.

Les plaisirs, les Amants fortunez, & les Amantes heureuses se retirent.

SCENE II.
RENAUD, UBALDE, Le Chevalier Danois.

UBALDE.

Il est seul; profitons d'un temps si pre-
cieux

Ubalde presente le Bouclier de Diamans aux yeux de Renaud.

RENAUD.

Que vois-je? quel éclat me vient fraper les
yeux?

UBALDE.

Le Ciel veut vous faire connoître
L'erreur dont vos sens sont seduits.

RENAUD.

Ciel quelle honte de paroître
Dans l'indigne estat ou je suis?

UBALDE.

Nostre General vous rapelle:
La Victoire vous garde une palme immortelle.

TRAGEDIE.

Tout doit presser vostre retour ;
De cent divers Climats chacun court à la Guerre ;
Renaud seul au bout de la Terre,
Caché dans un charmant sejour,
Veut-il suivre un honteux Amour

RENAUD.

Vains ornemens d'une indigne mollesse,
Ne m'offrez plus vos frivoles attraits :
Restez honteux de ma foiblesse,
Allez quittez-moi pour jamais.

Renaud arrache les Guirlandes de fleurs & les autres ornemens inutiles dont il est paré. Il reçoit le Bouclier de Diamans que luy donne Vbalde, & une Epée que luy presente le Chevalier Danois.

Le Chevalier Danois.

Dérobés vous aux pleurs d'Armide,
C'est l'unique danger dont vostre ame intrepide
A besoin de se garentir.
Dans ces lieux enchantez la Volupté preside,
Vous n'en sçauriez trop-tost sortir.

RENAUD.

Allons, hâtons-nous de partir.

SCENE IV.
ARMIDE, RENAUD, UBALDE, le Chevalier Danois.

ARMIDE *suivant Renaud.*

Renaud ; Ciel ; ô mortelle peine ;
Vous partez ; Renaud ; vous partez ;

Demons, suivez ses pas, volez, & l'arrestez.
Helas ; tout me trahit, & ma puissance est
vaine.
Renaud! Ciel! ô mortelle peine!
Mes cris ne sont pas écoutez,
Vous partez : Renaud, vous partez.

Renaud s'arrête pour écouter Armide qui continuë à luy parler.

Si je ne vous vois plus, croyez-vous que je vive?
Ay je pû meriter un si cruel tourment?
Au moins comme ennemy, si ce n'est comme Amant,
Emmenez Armide captive.
J'irai dans les Combats, j'irai m'offrir aux coups,
Qui seront destinez pour vous :
Renaud, pourveu que je vous suive
Le sort plus affreux me paroistra trop doux.

RENAUD.

Armide, il est temps que j'évite
Le peril trop charmant que je trouve à vous voir.
La Gloire veut que je vous quitte,
Elle ordonne à l'Amour de ceder au Devoir :
Si vous souffrez, vous pouvez croire
Que je m'éloigne à regret de vos yeux ;
Vous regnerez toûjours dans la memoire,
Vous serez aprés la Gloire
Ce que j'aimerai le mieux.

ARMIDE.

Non, jamais de l'Amour tu n'as senti le charme ;
Tu te plais à causer de funestes malheurs,

Tu m'entends soupirer, tu vois couler mes
    pleurs,
Sans me rendre un soûpir, sans verser une
    larme.
Par les nœuds les plus doux je te conjure en
    vain ;
Tu suis un fier Devoir, tu veux qu'il nous se-
    pare.
    Non, non ; ton cœur n'a rien d'humain,
    Le cœur d'un Tigre est moins barbare.
Je mourrai si tu pars, tu n'en peut douter ;
    Ingrat, sans toi je ne puis vivre :
Mais après mon trépas ne crois pas éviter
    Mon Ombre obstinée à te suivre ;
Tu la verras s'armer contre ton cœur sans foi :
    Tu la trouvera inflexible,
Comme tu l'as été pour moi ;
    Et sa fureur, s'il est possible,
Egalera l'amour dont j'ai brûlé pour toi...
    Ah la lumiere m'est ravie ;
    Barbare ; es tu content ?
    Tu joüis en parlant,
    Du plaisir de m'ôter la vie.
    Armide tombe & s'évanoüit.
        RENAUD.
Trop malheureuse Armide, helas !
Que ton destin est déplorable.
UBALDE *& le Chevalier Danois.*
Il faut partir, hâtez vos pas,
La gloire attend de vous un cœur inébranlable
        RENAUD.
Non, la Gloire n'ordonne pas
Qu'un grand Cœur soit impitoyable.
UBALDE *& le Chevalier Danois emmè-*
    nent Renaud malgré lui.

Il faut vous arracher aux dangereux appas
D'un Objet trop aimable.

RENAUD.

Trop malheureuse Armide, he as !
Que ton destin est déplorable.

SCENE V.
ET DERNIERE.

ARMIDE *seule.*

LE perfide Renaud me fuit ?
Tout perfide qu'il est, mon lasche cœur le suit
Il me laisse mourante, il veut que je perisse,
A regret, je revoy la clarté qui me luit :
  L'horreur de l'éternelle Nuit
    Cede à l'horreur de mon supplice
      Le perfide Renaud me fuit ?
Tout perfide qu'il est, mon lasche cœur le suit,
Quand le Barbare estoit en ma puissance,
Que n'ai-je crû la Haine & la Vengeance ?
  Que n'ai-je suivi leurs transports ?
Je m'échape, il s'éloigne, il va quitter ces
  Bords ;
  Il brave l'Enfer & ma rage,
  Il est déja prés du Rivage,
Je fais pour m'y traîner d'inutiles efforts.
Traistre, attent.. je le tiens.. je tiens son cœur
  perfide..
    Ah ! je l'immole à ma fureur..
Que dis-je, où suis-je ! helas ; Infortunée
  Armide !
    Où t'emporte une aveugle erreur ?

TRAGEDIE.

L'espoir de ma vengeance est le seul qui me reste.
Fuyez, Plaisirs, fuyez, perdez tous vos attraits.
Demons, détruisez ce Palais,
Partons, & s'il se peut, que mon Amour funeste
Demeure enseveli dans ces lieux pour jamais.

Les Démons détruisent le palais enchanté & Armide part sur un char volant.

Fin du cinquiéme & dernier Acte.

184

www.ingramcontent.com/pod-product-compliance
Lightning Source LLC
LaVergne TN
LVHW022204080426
835511LV00008B/1567